Für Ans Hey

Pour Ans Hey

bi:libri-Ausgabe 2011

Herausgegeben in Kooperation mit Edition bi:libri, München
Übersetzung aus dem Niederländischen von Monika Götze
Übersetzung ins Französische von Dominique Kirmer

Lithographie: Photolitho AG, Schweiz
Druck und Bindung: Grafisches Centrum Cuno GmbH & Co. KG, Calbe, Deutschland

ISBN 978-3-19-159595-1

www.nord-sued.com
www.edition-bilibri.de
www.hueber.de/bilibri

FSC www.fsc.org MIX Papier aus verantwortungsvollen Quellen FSC® C043106

Hans de Beer

KLEINER EISBÄR

Lars, bring uns nach Hause!

Petit ours blanc

Plume, ramène-nous chez nous!

NordSüd bi:libri

Lars, der kleine Eisbär, wohnt am Nordpol, im Land aus Eis und Schnee. Lars ist sehr neugierig. Jeden Tag macht er einen Ausflug, um die Gegend zu erkunden. "Pass auf, wo du hinläufst, Lars!", warnt ihn Mama Eisbär. "Das Eis schmilzt sehr schnell. Wenn du nicht vorsichtig bist, treibst du womöglich auf einer abgebrochenen Eisscholle davon."

Mama Eisbär hat Recht. In diesem Jahr ist es ungewöhnlich warm am Nordpol. Das Eis bricht, und an vielen Stellen ist der Schnee schon geschmolzen. Das hat aber auch Vorteile, findet Lars. Im warmen Wasser lässt es sich wunderbar herumplantschen. Außerdem räkelt sich Lars gerne in der Sonne.

Plume, le petit ours blanc, habite au pôle Nord, le pays de glace et de neige. Plume est très curieux. Tous les jours, il part en excursion pour explorer la contrée. « Fais attention où tu mets les pieds, Plume ! » l'avertit sa maman ourse. « La glace fond très vite. Si tu ne fais pas attention, tu peux être emporté à la dérive sur un bloc de glace détaché de la banquise. »

Maman ourse a raison. Cette année, il fait plus chaud que d'habitude au pôle Nord. La glace casse et, en de nombreux endroits, la neige a déjà fondu. Mais Plume trouve que ça présente aussi des avantages. Quel plaisir que de barboter dans l'eau chaude. Et puis Plume aime s'étirer au soleil.

Aber im Schnee zu spielen ist trotzdem das Allerschönste für einen kleinen Eisbären. Zum Glück liegt oben auf den Hügeln noch genügend Schnee. Wenn nur noch jemand da wäre! Immer alleine spielen ist langweilig.

Als es wärmer wurde, sind Lars' Freunde mit ihren Familien weiter nach Norden gezogen. Dahin, wo es immer noch genügend Eis und Schnee gibt. Lars macht sich betrübt auf den Heimweg. Doch da entdeckt er eine Spur. Sie ist noch ganz frisch. Wer das wohl sein mag? Neugierig folgt er der Spur. "Hoffentlich jemand, mit dem ich spielen kann!", freut sich Lars.

Mais jouer dans la neige, c'est quand même ce qu'il y a de mieux pour un petit ours blanc. Heureusement, il y a encore assez de neige sur les collines. Si seulement il y avait quelqu'un ! C'est ennuyeux de toujours jouer tout seul.

Quand il a commencé à faire plus chaud, les amis de Plume sont partis avec leurs familles vers le nord. Là où il y a encore assez de glace et de neige.
Un peu triste, Plume reprend le chemin de la maison. C'est alors qu'il découvre des empreintes. Elles sont encore toutes fraîches.
Qui cela peut-il être ? Curieux, il suit les empreintes.
« J'espère que c'est quelqu'un avec qui je pourrai jouer ! » se dit Plume avec joie.

Die Spur führt den Hang hinab, bis zur Bucht. Im Wasser schwimmt ein großes schwarzes Ungetüm. Dieses Ungetüm gibt laute, brummende Geräusche von sich, und aus seinem Innern stößt in regelmäßigen Abständen Rauch. Unheimlich, findet Lars. Vorsichtig dreht er sich um …
"Na, so was! Erst sieht man keinen einzigen Eisbären und dann gleich drei Eisbärkinder. Und alles in der gleichen Woche."
"Huch", sagt Lars. "Wer bist denn du?" Vor ihm steht ein sehr langer Hund auf sehr kurzen Beinen. "Nicht erschrecken", sagt der Hund. "Ich bin Fredi, der Dackel."
Und stolz fügt er an: "Ich bin der Schiffshund von dem Unterseeboot da drüben."
"Oh, äh, hallo, und ich bin Lars", sagt Lars verlegen. "Wieso sagst du: drei Eisbärkinder?"

Les empreintes descendent la pente jusqu'à la baie. Un gros mastodonte noir flotte dans l'eau. Ce mastodonte fait de grands bruits bourdonnants et il en sort de la fumée à intervalles réguliers.
C'est inquiétant, trouve Plume. Il fait demi-tour avec prudence…
« Ça alors ! D'abord, on ne voit pas un seul ours blanc, et puis tout d'un coup, trois petits ours blancs. Et tout ça, la même semaine. »
« Oh », dit Plume. « Mais qui es-tu ? » Il a devant lui un chien au corps très long sur des pattes très courtes. « N'aie pas peur ! » dit le chien. « Je suis Fredi, le basset. »
Et il ajoute fièrement : « Je suis le chien du sous-marin, là-bas. »
« Oh, eh, salut, et moi je suis Plume », dit Plume troublé.
« Pourquoi parles-tu de trois petits ours blancs ? »

“Das kann ich dir gerne erklären”, sagt Fredi. “Wie du ja bestimmt gemerkt hast, ist es ungewöhnlich warm hier. Jedes Jahr gibt es weniger Schnee und Eis auf dem Nordpol. Meine Herrchen sind mit ihrem Forschungs-Unterseeboot hierher gefahren, um herauszufinden, wie viel Eis bereits geschmolzen ist. Jeden Tag tauchen wir mit dem Boot auf, um das Eis zu messen. Vor ein paar Tagen haben wir auf einer Eisscholle zwei Eisbärkinder entdeckt, die ganz allein auf dem offenen Meer trieben. Sie sind zu klein, um zu schwimmen. Meine Herrchen haben die beiden gerettet.”
“Sie müssen zu ihren Eltern zurück!”, ruft Lars.
“Aber wir wissen doch gar nicht, wo sie wohnen”, sagt Fredi.
“Lass mich nur machen!”, erklärt Lars wichtig. “Ich habe mich schon oft verlaufen und wieder nach Hause gefunden. Ich weiß, wie das geht.”
“Einverstanden”, sagt Fredi.
Als es dunkel ist, schmuggelt Fredi Lars auf das große Unterseeboot.

« Je vais t’expliquer », dit Fredi. « Comme tu l’as certainement remarqué, il fait plus chaud que d’habitude ici. D’année en année, la neige et la glace diminuent au pôle Nord. Mes maîtres sont venus ici avec leur sous-marin de recherche pour voir la quantité de glace déjà fondue. Chaque jour, nous remontons à la surface avec le sous-marin pour mesurer la glace. Il y a quelques jours, nous avons découvert sur un bloc de glace deux jeunes oursons blancs qui dérivaient tout seuls en pleine mer. Ils sont trop petits pour nager. Mes maîtres les ont sauvés tous les deux... »
« Il faut les ramener à leurs parents ! » s’écrie Plume.
« Mais nous n’avons aucune idée de l’endroit où ils habitent », dit Fredi.
« Laisse-moi faire ! » déclare Plume avec importance. « Il m’est déjà souvent arrivé de me perdre et de retrouver le chemin de la maison. Je sais comment faire. »
« D’accord », dit Fredi.
A la nuit tombée, Fredi fait monter Plume en cachette sur le grand sous-marin.

Lars staunt. Im Unterseeboot gibt es überall Leitungen und Messgeräte. Fredi geht vor. Die Gänge sind nur schwach beleuchtet.
"Wir müssen vorsichtig sein", sagt Fredi. "Wenn meine Herrchen dich entdecken, wollen sie dich vielleicht auch retten und nehmen dich mit. Lauf schneller, die Eisbärkinder sind da hinten in der Kapitänskajüte."
Zwei Augenpaare sehen Lars neugierig an.
"Hallo, ihr Kleinen, das ist Lars", flüstert Fredi. "Er wird euch wieder nach Hause bringen."

Plume s'étonne. Dans le sous-marin, il y a partout des conduites et des instruments de mesure. Fredi le précède. Les coursives ne sont que faiblement éclairées.
« Nous devons être prudents », dit Fredi. « Si mes maîtres te découvrent, ils voudront peut-être te sauver, toi aussi, et ils t'emmèneront avec eux. Avance plus vite, les petits oursons blancs sont là, derrière la cabine du capitaine. »
Deux paires d'yeux regardent Plume avec curiosité.
« Salut, les petits, voici Plume », chuchote Fredi. « Il va vous ramener chez vous. »

“Ich bin Nina”, sagt eins der Eisbärkinder.
“Und ich bin Ninas Bruder, Nino”, sagt das andere.
“Bringst du uns wirklich wieder zu unseren Eltern zurück?”
“Ganz bestimmt!”, verspricht Lars.
Plötzlich ertönt eine Glocke. “Wir tauchen wieder ab!”, ruft Fredi nervös. “Lars, du musst dich gut verstecken, bis wir wieder auftauchen. Und wir passen auf, dass dich niemand findet.” Ein freundlicher Forscher bringt Fredi und den Eisbärgeschwistern etwas zu essen. Die drei betteln so lange, bis sie genügend Futter bekommen haben, dass es auch für Lars, den blinden Passagier, reicht.

« Je suis Nina », dit l’un des petits oursons blancs.
« Et moi, je suis Nino, le frère de Nina », dit l’autre.
« Tu vas vraiment nous ramener à nos parents ? »
« Certainement ! » promet Plume.
Le son d’une cloche s’élève soudain.
« Nous replongeons ! » s’écrie Fredi avec nervosité. « Plume, il faut que tu te caches bien jusqu’à ce que nous refaisions surface. Et nous, nous ferons attention à ce que personne ne te trouve. »
Un gentil chercheur apporte à manger à Fredi et aux deux petits oursons. Ils en redemandent tous les trois jusqu’à ce qu’on leur donne assez de nourriture pour que cela suffise aussi pour Plume, le passager clandestin.

“Bitte, Lars, erzähl uns noch eins von deinen Abenteuern”, betteln Nina und Nino. Sie freuen sich, Eisbärengesellschaft zu haben. Und Lars gefällt es, den großen Bären zu spielen und bewundert zu werden.

Am nächsten Tag verkündet Fredi, dass das Unterseeboot gleich wieder auftauchen wird. Lars bekommt vor Aufregung Herzklopfen.
“Schnell, schnell, hier entlang!”, flüstert Fredi. “Die Notluke ist offen. Nix wie raus!”

« S’il te plaît, Plume, raconte-nous encore une de tes aventures », supplient Nina et Nino. Ils sont heureux de se retrouver en compagnie d’un ours. Et Plume se plaît à jouer les grands et à se faire admirer.

Le lendemain, Fredi annonce que le sous-marin va tout de suite refaire surface.
Le cœur de Plume bat d’excitation.
« Vite, vite, par là », chuchote Fredi. « L’écoutille de secours est ouverte.
Allez, sortez vite ! »

“Zieht eure Schwimmgürtel an und bleibt immer schön bei Lars, hört ihr!”, sagt Fredi voller Sorge. Lars versucht seinen Freund zu beruhigen:
“Zum Ufer ist es nicht weit und überall treiben Eisschollen. Das schaffen wir ohne Problem, nicht wahr, ihr beiden?”
Nina und Nino nicken und halten Ausschau nach einer geeigneten Eisscholle.
Fredi verabschiedet sich ein letztes Mal und die Luke schließt sich.
“Keine Bange!”, ruft Lars. “Wir können das!”

Der große Turm des Unterseeboots gleitet langsam unter Wasser.
So ganz allein, mitten auf dem Meer, fühlt sich Lars plötzlich auch ein bisschen wie ein Eisbärkind. Aber er lässt sich nichts anmerken.

« Mettez vos ceintures de natation et restez toujours bien auprès de Plume, vous entendez ! » dit Fredi d’un ton soucieux. Plume essaie de tranquilliser son ami :
« Le rivage n’est pas loin et il y a partout des blocs de glace à la dérive. Nous y arriverons sans problème, n’est-ce pas vous deux ? »
Nina et Nino font oui de la tête en examinant les alentours à la recherche d’un bloc de glace approprié. Fredi leur dit un dernier au revoir et l’écoutille se referme.
« N’ayez pas peur ! » s’écrie Plume. « Nous y arriverons ! »

La grande tourelle du sous-marin s’enfonce doucement sous l’eau. Tout seul comme ça, en pleine mer, Plume se sent soudain lui aussi un peu comme un petit ourson blanc. Mais il n’en laisse rien voir.

“Seht ihr”, lacht Lars erleichtert, “das klappt doch wunderbar!”
Schnell paddelt er dem Ufer entgegen.
“Aye, aye, Kapitän Lars!”, rufen Nina und Nino im Chor.
Endlich sind sie an Land. Dummerweise hat Kapitän Lars keine Ahnung, wo sie sind.
“Äh, behaltet die Schwimmgürtel lieber noch an”, sagt er so gelassen wie möglich.
Wenn Lars nur wüsste, in welche Richtung sie laufen müssen. Jetzt beginnt es auch noch zu schneien. Die Eisbärkinder bekommen allmählich Angst.

« Regardez », dit Plume en riant de soulagement, « cela marche à merveille ! »
Il se rapproche vite du rivage en battant l’eau avec ses pieds.
« À vos ordres, capitaine Plume », s’écrient en chœur Nina et Nino.
Ils touchent enfin terre. Malheureusement, capitaine Plume n’a aucune idée de l’endroit où ils se trouvent.
« Bon, il vaut mieux que vous gardiez encore vos ceintures de natation », dit-il d’un ton aussi décontracté que possible. Si seulement Plume savait dans quelle direction aller. Et voilà que, pour couronner le tout, il se met à neiger. Les petits oursons commencent à prendre peur.

Die drei kämpfen sich durch den Schneesturm.
“Wir wären besser bei Fredi geblieben”, jammert Nina, und Nino fängt an zu schluchzen.
“Haltet durch, Kinder! Wir sind bestimmt bald da.” Lars versucht den Eisbärkindern Mut zu machen. Aber auch er ist erschöpft und weiß nicht mehr weiter. Unter einem großen Felsen finden sie einen Unterschlupf für die Nacht. Eng kuscheln sie sich aneinander. Die drei schlafen sofort ein.

Es ist schon hell, als Lars wach wird.
“Ihr habt euch verlaufen, stimmt’s?” Vor ihnen steht ein Polarfuchs und lächelt freundlich.
“Nein, äh ja, also höchstens ein bisschen”, sagt Lars verlegen. “Das heißt, ich weiß, wo wir hinmüssen, nur nicht, wo wir sind.”

Ils avancent tous les trois à grand peine dans la tempête de neige.
« Nous aurions mieux fait de rester avec Fredi », gémit Nina tandis que Nino se met à sangloter.
« Tenez bon, les enfants ! Je suis sûr que nous n’allons par tarder à arriver... »
Plume essaie de donner du courage aux jeunes oursons. Mais il est épuisé, lui aussi, et il ne sait plus quoi faire. Ils trouvent un abri pour la nuit sous un grand rocher. Ils se blottissent les uns contre les autres et s’endorment aussitôt tous les trois.

Il fait déjà jour lorsque Plume se réveille.
« Vous êtes perdus, hein ? » Un renard polaire se tient devant eux, souriant aimablement.
« Non, euh oui, mais juste un peu », bafouille Plume. « C’est-à-dire que je sais où nous devons aller, mais je ne sais pas où nous sommes. »

“Tja, da habt ihr noch mal Glück gehabt! Wir Polarfüchse haben nämlich die beste Spürnase des Nordpols.”
Der Polarfuchs schnüffelt erst an den beiden Eisbärkindern und dann an Lars.
“Alles klar! Die beiden Kleinen hier kommen von sehr weit weg.”
“Und ich?”, fragt Lars.
“Du nicht”, sagt der Polarfuchs. “Ich kann euch zu dir bringen.”

Zu viert machen sie sich auf den Weg. Nina und Nino sind wieder bester Laune.
Schon nach kurzer Zeit kommt Lars die Gegend bekannt vor.
“Mama, Papa, das sind Nina und Nino”, ruft er wenig später seinen Eltern glücklich zu.
“Guten Tag, Frau Eisbär. Guten Tag, Herr Eisbär”, sagen die Kinder höflich.

« Eh bien, vous l’avez échappé belle ! Car nous autres renards polaires, nous avons le flair le plus développé de tous les animaux du pôle Nord. »
Le renard polaire flaire d’abord les deux oursons, puis Plume.
« C’est clair ! Ces deux petits-là viennent de très loin. »
« Et moi ? » demande Plume.
« Toi, non », dit le renard polaire. « Je peux vous conduire jusque chez toi. »

Ils se mettent en route tous les quatre. Nina et Nino sont à nouveau d’excellente humeur. Peu de temps après, les environs semblent familiers à Plume.
« Maman, Papa, voilà Nina et Nino », s’écrie-t-il peu de temps après, tout heureux, en s’adressant à ses parents.
« Bonjour, madame l’ourse polaire. Bonjour, monsieur l’ours polaire », disent les oursons poliment.

Lars erzählt seinen Eltern von Fredi, dem Unterseeboot und ihrem abenteuerlichen Heimweg. Mama Eisbär hat Nina und Nino sofort ins Herz geschlossen. Papa Eisbär ist mächtig stolz auf seinen Sohn und bedankt sich beim Polarfuchs, dass er die drei so sicher nach Hause gebracht hat. Dann erklärt der Polarfuchs noch einmal ganz genau, wo Nina und Nino zu Hause sind.

"Das ist viel zu weit weg, um die Kleinen vor dem Winter dorthin zu bringen." Mama Eisbär lächelt zufrieden. Nina und Nino werden bis zum Frühling bei ihnen bleiben.
"Aber dann bringen Lars und ich euch zu euren Eltern zurück", verspricht Papa Eisbär.
"Toll! Dann habe ich den ganzen Winter Zeit, euch das Schwimmen beizubringen!", ruft Lars lachend. "Am besten beginnen wir gleich jetzt!"

Plume raconte à ses parents l'histoire de Fredi, du sous-marin et de leurs aventures sur le chemin du retour. Maman ourse a aussitôt adopté Nina et Nino. Papa ours est rudement fier de son fils et il remercie le renard polaire de les avoir ramenés tous les trois à la maison avec une telle assurance. Puis le renard polaire explique encore une fois très exactement d'où viennent Nina et Nino.

« C'est beaucoup trop loin pour ramener les petits là-bas avant l'hiver. » Maman ourse sourit avec satisfaction. Nina et Nino resteront chez eux jusqu'au printemps.
« Mais le printemps venu, Plume et moi, nous vous ramènerons à vos parents », promet Papa ours.
« Super ! J'aurai tout l'hiver pour vous apprendre à nager ! » s'écrie Plume en riant.
« Le mieux est de commencer dès maintenant ! »